지구촌 친구들의 평화 이야기책

Five Stories of Peace and Hope

이 책은 ㈜세계여성평화그룹(IWPG)이 주최한 제6회 평화사랑 그림그리기 국제대회에 참가한 학생들의 인터뷰 내용을 엮었습니다.
IWPG는 2018년부터 전 세계에서 대회를 시행해 왔으며, 올해는 53개국 130개 도시에서 2만 3400여 명의 학생들이 참가해 '전쟁으로 고통받는 친구들에게 전하는 평화의 마음'을 주제로 그림을 그렸습니다.

This book is a compilation of interviews with the participants of the 6th International Loving-Peace Art Competition hosted by the International Women's Peace Group (IWPG).
IWPG has been hosting this international competition annually since 2018, and this year, 23,400 participants from 130 cities in 53 countries around the world came together to draw under the theme "A heart of peace conveyed to friends suffering from war."

지구촌 친구들의 평화 이야기책

Five Stories of Peace and Hope

피스가든
PEACE GARDEN

목차

첫번째 이야기
비아프라에서 온 그림 편지 /마리 우조추크우 ··· 7

두번째 이야기
대한민국에서 온 그림 편지 /김예은 ··· 25

세번째 이야기
르완다에서 온 그림 편지 /아마니 발라지지 넬슨 ··· 35

네번째 이야기
아프가니스탄에서 온 그림 편지 /호세아 얄메드 ··· 41

다섯번째 이야기
방글라데시에서 온 그림 편지 /후마이라 아피아 ··· 49

Contents

#1 Postcard from Biafra
/Mary Uzochukwu ··· 7

#2 Postcard from Republic of Korea
/Kim Ye Eun ··· 25

#3 Postcard from Rwanda
/Amani Balagizi Nelson ··· 35

#4 Postcard from Afghanistan
/Hossa Yarmand ··· 41

#5 Postcard from Bangladesh
/Humayra Afia ··· 49

#1 첫번째 이야기
비아프라에서 온 그림 편지
Postcard from Biafra

마리 우조추크우
Mary Uzochukwu

평화, 통합, 그리고 자유 마리 우조추크우 (2007년생, 비아프라) 作
Peace, Unity, and Freedom by Mary Uzochukwu (17, Biafra)

그림을 통해 어떤 것을 표현하고자 했나요?

평화로운 비아프라*와 전 세계를 그리고 싶었어요. 저는 좋은 교육을 받을 수 있고, 배고프지 않고, 안전하게 살 수 있는 평화로운 비아프라에 살고 싶어요. 평화로워진 우리나라에는 튼튼한 도로와 충분한 전기가 있을 거고 좀 더 나은 삶을 살 수 있을 거에요. 사람을 죽이거나 납치하는 일도 없고요.

---

*비아프라 공화국과 나이지리아 내전

비아프라 전쟁 또는 나이지리아 내전은 나이지리아 주요 부족 중 하나인 이보족이 정치·종교적 불평등에 시달리다가 1967년 5월 분리 독립을 선언해 '비아프라 공화국(현 비아프라 공화국 망명정부)'을 탄생시키면서부터 시작된 내전이다. 경제, 인종, 문화 그리고 나이지리아의 수많은 사람들의 종교적 긴장 상태가 갈등의 구체적 원인이 되었으며 1967년 7월 6일부터 1970년 1월 15일까지 벌어졌다.

독립에 대해 반대한 하우사족이 이보족을 무차별 살상했고, 비아프라 공화국의 원유를 갖고자 했던 소련은 막대한 무기와 군비를 하우사족에게 지원했다. 식량 보급로가 끊긴 비아프라 공화국은 1969년 1년간 전체 인구의 4분의 1인 200만 명 이상이 아사했으며, 그중 50만 명은 7세 이하의 어린이들이었다. 심할 땐 하루 6천여 명이 죽어 나갔다. 당시 팔다리가 앙상한 채 배만 볼록 나온 비아프라 아이들의 사진은 '아프리카 가난'의 상징이 되기도 했다.

What did you want to express through this drawing?

I wanted to draw a peaceful Biafra* and the world. I hope to live in a peaceful Biafra where we can have a good education, not feel hungry, and be safe. Our country, Biafra, will have good roads, electricity, and better lives. There will be no killing or kidnapping.

---

*Republic of Biafra and the Nigerian Civil War

The Biafran War, also called the Nigerian Civil War, broke out when the Igbo national group, one of the ethnic groups of Nigeria, declared its independence from the federal government and established the Republic of Biafra (also referred to as BRGIE, Biafra Republic Government in Exile) in May 1967 due to persecution. Political, ethnic, cultural, and religious tensions between the two parties triggered the war that spanned from July 6, 1967, to January 15, 1970.

The Hausa people, backed by the Soviet Union, who were also after Biafra's crude oil, were opposed to the independence of the Igbos and brutally massacred the Igbo people. In 1969, 2 million people, ¼ of the Biafra population, died of starvation because food supply routes were cut off. 500,000 of those 2 million were children under the age of 7. Sometimes 6,000 people would die out a day. The picture of Biafra children with bony arms and legs and a round stomach became the typical image of "poor African children."

평화에 대해서 어떻게 생각하나요?

저는 평화를 모두가 두려움 없이 살 수 있고, 싸움이 없고, 모두가 걱정 없이 학교에 가고, 놀고, 잠을 잘 수 있는 시간이라고 생각해요. 오웨리*(Owerri)에서처럼 때때로 군대가 총을 쏘고 우리의 집과 시장을 파괴한다고 해서 도망치거나 숨을 필요가 없이 가족과 함께 마을에 머물 수 있는 것이요. 먹을 음식이 충분하고 깨끗한 물을 마실 수 있으며 미래를 꿈꿀 수 있다는 뜻이기도 해요.

제가 평화를 이렇게 생각하는 이유는 평화가 없을 때 얼마나 많은 고통과 고난이 있게 되는지 보고 들었기 때문이에요. 저는 굶주리는 아이들, 자고 있는 동안 집이 불에 타서 무너져 공포에 떠는 사람들을 봤어요. 저는 폭력과 전쟁의 지속적인 위협 없이 우리 모두가 함께 행복하고 안전하게 지낼 수 있는 미래를 원해요. 삶을 살아가고, 성장하고, 꿈을 이룰 수 있는 자유도요.

---

*오웨리
오웨리는 나이지리아 남동부에 위치한 이모(Imo) 주의 주도로 열대우림 지대에 자리잡고 있으며 얌, 카사바, 타로, 옥수수, 고무, 야자나무 제품과 같은 다양한 농산물을 생산한다.

How did you usually think of peace?

I usually think of peace as a time when everyone can live without fear, where there is no fighting, and everyone can go to school, play, and sleep without worry. Peace means being able to stay in my village with my family, not having to run away or hide because of armies shooting and destroying our houses and markets, like in Owerri* sometimes. It means having enough food to eat, clean water to drink, and being able to dream about the future.

I think of peace this way because I have seen and heard about so much suffering and hardship when there is no peace. I have witnessed children facing hunger, and individuals living in fear because their houses were burned down while they were sleeping. I want a future where we can all be together, happy, and safe, without the continuous threat of violence and war. Peace means having the freedom to live our lives, to grow up, and to make our dreams come true.

---

*Owerri

Owerri is the capital city of Imo State in southeastern part of Nigeria. It sits in the rain forest and produces many agricultural products, such as yams, cassava, taro, corn, rubber and palm products.

전쟁에 대해서는 어떻게 생각해요?

저는 전쟁을 원하지 않아요. 전쟁은 매우 무섭고 끔찍한 일이에요. 전쟁은 사람들이 다치고 죽고, 가족들이 흩어지고, 많은 사람들이 집과 모든 것을 두고 떠나야 하는 것을 의미하죠. 전쟁을 생각하면 '파괴'의 이미지가 떠올라요. 무너진 건물들과, 더 이상 아무것도 자라지 못하는 들판 같은 것이요.

저는 저와 같은 아이들이 부모와 친구를 잃고 심지어 목숨까지 잃었다는 이야기를 듣게 돼요. 전쟁은 많은 고통과 슬픔을 가져오고, 그 누구도 안전하고 행복하다고 느끼기 어렵죠. 전쟁이 우리 동네에 어떤 영향을 미쳤는지 봤기 때문에 그렇게 생각해요. 저는 폭발음과 총소리를 들었고, 사랑하는 사람을 잃고 우는 사람들을 봤어요. 전쟁은 모든 좋은 것을 파괴하고 정상적인 삶을 살 수 없게 만들어요.

저는 가족, 친구, 이웃이 행복하고 안전한 모습을 보고 싶기 때문에 전쟁을 원하지 않아요. 저는 학교에 가고, 놀고, 두려움 없이 미래를 꿈꾸고 싶어요.

What do you think of war?

I do not want war, I usually think of war as something very scary and terrible. War means people getting hurt and killed, families are separated, and many people have to leave their homes and everything they have behind. When I think of war, I see images of destruction, like buildings and fields where nothing can grow anymore.

I hear stories of children like me losing their parents, friends, and even their own lives. War brings a lot of pain and sadness, and it makes it hard for anyone to feel safe and happy. I think of war this way because I have seen the effects it has on my community. I have heard the sounds of explosions and gunfire, and I have seen people crying because they have lost their loved ones. War destroys everything good, and it makes it impossible for us to live normal lives.

I don't want war because I want to see my family, friends, and neighbors happy and safe. I want to go to school, play, and dream about a future without fear.

내 삶은 평화와 전쟁 중 어디에 더 가까운가요?

 전쟁이요. 고난과 굶주림의 기억과 그 영향이 여전히 제 일상에 지독하게 자리잡았거든요. 제가 아무리 평화를 원해도 제 주변의 수많은 것들이 전쟁을 떠올리게 해요. 도시에서 시위가 일어나면 젊은 사람들이 죽게 되죠. 제가 사는 지역에는 여전히 군인과 검문소가 있고, 가끔 근처에서 새로운 분쟁이 발생했다는 소식을 듣곤 해요. 전쟁의 공포와 불확실성으로 인해 평화롭다고 느끼긴 어려워요. 지난번 전쟁으로 저희 가족을 포함한 많은 가족이 직접적으로 타격을 입었어요. 사랑하는 사람들을 잃었고, 안전을 위해 삶의 터전을 떠나야만 했던 사람들도 있었죠.

 이런 경험들로 인한 상처는 아직도 아물지 않았고 여전히 세상은 평화롭지 않다는 걸 매일같이 느끼게 해요. 저는 평화를 희망하며 두려움과 고통 없이 살 수 있는 시대를 꿈꾸지만 현재로서는 평화에 대한 희망보다 전쟁의 현실이 제 일상에 훨씬 더 가까이 있어요.

Would you consider yourself living a life closer to war or to peace?

I would consider myself living closer to war than peace. This is because the effects and memories of hardship and hunger are still very present in my daily life. Even though I want peace, I see and hear reminders of war all around me. In protests in the cities, young people are killed. There are still soldiers and checkpoints in my community, and sometimes we hear about new conflicts breaking out nearby. The fear and uncertainty of war make it hard for us to feel truly at peace. The war last time directly affected many families, including mine. We have lost loved ones, and some of us have had to move from our homes to find safety.

The wounds from these experiences are still fresh, and they remind me every day that we are not yet living in a peaceful world. I hope for peace and dream of a time when we can live without fear and pain. But for now, the reality of war is much closer to my everyday life than the hope of lasting peace.

오늘이나 내일, 내가 사는 곳에서 전쟁이 일어난다면 어떨 것 같나요?

그러면 전 두려움과 슬픔, 무력감이 뒤섞인 감정을 느낄 거예요. 저와 제 가족, 친구들의 생명은 심각하게 위협받겠죠. 총소리, 폭발음, 그리고 모든 것이 파괴된 광경이 무서워요. 내 집과 마을이 무너져 내리는 모습을 보면서 저는 깊은 슬픔에 잠기겠죠. 집과 모든 것을 버리고 떠나야 하고, 그걸 전부 잃을 수도 있다는 걸 알기에 가슴이 아파요. 평화가 깨지고 생명이 스러지는 게 슬플 거예요. 그렇게 혼란스러운 가운데서 느끼는 무력감은 감당하기에 너무도 커요. 전쟁을 막고 마을을 지키기 위해 제가 할 수 있는 게 아무것도 없다는 사실이 끔찍하네요.

그럼에도 불구하고 저는 희망과 용기를 잃지 않으려고 노력할 거예요. 이런 어려운 시기를 극복하기 위해서는 서로 도와야 한다는 것을 알거든요.

Imagine war breaking out today or tomorrow in your village. What would you feel?

If war were to break out today or tomorrow in my village, I would feel a mixture of fear, sadness, and helplessness. The danger to my life and the lives of my family and friends would be too much. The sounds of gunfire, explosions, and the sight of destruction would be scary. The thought of seeing my home and community torn apart would fill me with sorrow. Knowing that we might have to leave everything behind and possibly lose our home and possessions would be heartbreaking. I would also feel sadness for the loss of peace and the loss of lives. The feeling of being powerless in the face of such confusion would be too much for my family. I would feel bad that I could not do anything to stop the problems and the war and protect my village.

Notwithstanding my feelings, I would try to stay hopeful and brave, knowing that we need to support each other to get through such a difficult time.

그림대회에 참가하게 된 이유는 무엇인가요?

비록 아직 어리지만, 저는 제가 세상을 바라보는 관점이 중요하다고 생각해요. 그리고 전 평화로운 세상을 만드는 데에 기여하고 싶었고요. 그림을 통해 제 주변에서 일어나는 일들로 인한 두려움과 슬픔도 이길 수 있어요. 그림을 통해 제 감정을 정리할 수 있고, 무언가를 창조하면서 행복을 찾을 수 있거든요.

Why did you participate in this competition?

I believe that even as a child, I thought my perspective in life is important, and I wanted to contribute to the expression and discussion about building a peaceful world. Drawing is a way for me to cope with the fear and sadness caused by the problems in the community. It helps me process my feelings and find happiness in creativity.

만약 평화가 이루어진다면 하고 싶은 일이 있나요?

저는 친구들과 함께 좋은 공동체를 만들기 위해 노력할 거예요. 예술을 공유하면서 우리 문화를 적극적으로 홍보할 거고요. 그리고 다른 청년들이 리더가 되고 변화를 만드는 사람이 될 수 있도록, 더 나은 미래를 만들 수 있는 방법들과 자신감을 갖출 수 있도록 이끌어주고 싶어요.

Is there anything you would like to do if world peace is realized?

I will work to help create a good community with other children. Encourage the promotion of our culture by promoting the sharing of the arts. I would also like to guide and inspire other young people to become leaders and change-makers, preparing them with the tools and confidence to build a better future.

앞으로 다가올 미래에는 어떤 세상에서 살고 싶어요?

대화와 이해를 통해 갈등을 해결하는 세상, 서로 다르더라도 함께 어우러져 살아가는 세상이요. 각자 살아온 배경이나 처한 상황에 관계없이 모든 사람이 동등한 기회를 갖고 자원과 교육, 의료 서비스를 이용할 수 있는 사회에서 살고 싶어요. 그리고 어린이와 모든 사람들을 보호하며 모두가 폭력, 차별, 억압으로부터 안전하다고 느끼는 세상이요.

What kind of world would you like to live in the future?

A world where conflicts are resolved through conversation and understanding, and where people live together in harmony no matter their differences. A society where everyone has equal opportunities and access to resources, education, and healthcare, regardless of their background or situation. A world where everyone feels safe from violence, discrimination, and oppression, with protections for children and everyone.

To. My friends suffering from war

You may be suffering because of the shadow of war making everything around you seem dark, but I really support you. Don't forget that there is always the light of hope even in the darkest moment. Stay strong. You will make it. The path forward may seem long and blurry, but you are not alone. The whole world wants peace, and I will pray for your well-being and safety. I am with you. I hope to help each other and love your neighbors, receiving new power.

From. Mary

To. 전쟁으로 고통받는 친구들에게

전쟁의 그림자가 모든 것을 어둡게 해서 힘겨운 시간을 보내고 있겠지만, 난 진심으로 너희를 지지하고 함께할게. 어두운 순간에도 희망의 빛은 항상 존재한다는 사실을 잊지 않았으면 좋겠어. 심지를 굳게 하렴. 너는 분명 이겨낼 거야. 가야 할 길이 멀고 불투명해 보일지라도, 너희는 혼자가 아니야. 전 세계의 사람들이 평화를 바라고 너희의 안전과 안녕을 위해 기도하며 너희와 함께하고 있어. 서로를 돕고, 주변 사람들을 사랑하며 힘을 얻었으면 좋겠어.

From. 마리

#2 두번째 이야기
대한민국에서 온 그림 편지
Postcard from Republic of Korea

김예은
Kim Ye Eun

전쟁 속의 희망 김예은 (2010년생, 한국) 作
Hope Amidst War by Kim Ye Eun (14, Republic of Korea)

그림에 대해 설명해 줄 수 있나요?

저는 배경을 제일 공들여서 그렸어요. 전쟁에 처한 사람들이 얼마나 힘든 상황인지, 그 속에서 희망을 가지는 것이 얼마나 힘든 일인지 그런 부분이요. 그리고 여기 이 아이 뒤에 있는 사람들은 세계 각지에 있는 평화를 원하는 사람들의 마음이거든요. 이 마음이 전달되면 좋겠다고 생각했어요. 그림 속의 아이가 읽고 있는 노란색 편지에는 "지금 우리도 노력하고 있고 이제 곧 평화가 오게 될 수 있으니까 희망을 놓지 말아줘"라고 써 있어요.

Can you explain your drawing?

I spent the most time on the background. The suffering and pain of people living under war, and how difficult it is for them to have hope. And the people in the background symbolize the hearts of people aspiring for peace all around the world. I wanted to convey this heart to them. A yellow letter the child is holding says: "We're working hard, so peace will come soon. Do not lose faith."

전쟁에 대해서는 어떻게 생각하나요?

정말 끔찍하다고 생각해요. 엄마에게 외할아버지의 이야기를 들었어요. 외할아버지는 월남전* 당시 특수부대 소속으로 많은 임무를 하셨는데 민간인들을 아이, 여자, 노인 할 것 없이 모두 사살해야 하는 일이 많았대요. 그때 할아버지는 20대 초반이셨고요. 사상자를 모두 확인해야 하는데 한 번은 목숨이 붙어있는 사람을 못 본 척 하고 돌아 나오다 그 사람이 다리를 물고 안 놔서 살점이 떨어져 나갔고 총을 쏠 수밖에 없으셨다고 해요. 내가 살려면 다른 사람을 죽일 수 밖에 없는 것, 죄 없는 아이들까지 죽음에 내몰리는 것이 너무 슬퍼요.

할아버지는 참전 후 전쟁에 대한 트라우마로 매일 술을 의지하셨고 그건 가정의 붕괴로 이어졌죠. 저와 동생들은 엄마 아빠와 행복한 가정에서 평화롭게 지내지만 저희 엄마의 어린 시절을 떠올려보면 마음이 많이 아파요. 물론 평생을 악몽에 시달리시고, 고엽제의 영향으로 지금도 신경안정제와 관절약을 한 웅큼씩 드셔야 하는 할아버지도 전쟁의 피해자라고 생각해요. 폭력은 또 다른 폭력을 낳는 것 같아요.

---

*월남전

월남전(혹은 베트남전쟁)은 1955년 11월 1일부터 1975년 4월 30일까지 사이에 벌어진 전쟁으로 분단된 남북 베트남 사이의 내전임과 동시에 냉전 시대에 자본주의 진영과 공산주의 진영이 대립한 대리 전쟁 양상을 띠었다. 1964년 8월부터 1973년 3월까지는 미군·한국 등 외국 군대가 개입하고 캄보디아·라오스로 전선이 확대되어 국제전으로 치러졌다.

전쟁 중 미국, 한국군에 의해 미라이 학살, 빈호아 학살, 퐁니 퐁넛 양민 학살 등 베트남 민간인 학살이 자행되었다. 이 전쟁은 대량살상무기를 투하하고 고엽제 등 화학 무기를 사용해 무차별적으로 민간인을 희생시킴으로써 미국 내 반전 운동을 촉발시켰다. 이 전쟁에서 300만 명에서 500만 명의 사람들이 죽었다.

What do you think of war?

I think it's terrible. My mother told me about my grandfather. My grandfather was part of the special forces during the Vietnam War*, and many times he had to kill civilians, including children, women, and elders. At that time, he wasn't even 25 years old. They were supposed to check and make sure all the victims were truly dead, but one day my grandfather found a man still breathing but he intentionally looked the other way. But that person grabbed my grandfather's leg and didn't let go, so my grandfather had no choice but to shoot that man. I think it's so sad that you have to kill others to save yourself, even innocent children.

After the war, my grandfather suffered from trauma, and he drank every day, destroying the family. My brothers and I grew up in a happy, peaceful family, but my mother did not have such a happy childhood. I think that my grandfather, who spent the rest of his life relying on tranquilizers and arthritis medicine, is also a victim of war. Violence gives birth to more violence.

평소 평화에 대해 어떻게 생각하고 있었나요?

평화는 꼭 필요한 것인데 일상에 스며드는 것이 쉽지 않다고 생각해요. 학교에서도 친구들이 욕도 많이 하고 싸우기도 하고 폭력도 있고, 요즘 이슈가 되고 있는 교권 침해 문제도 심각하고요. 가정에서도 부모와 자녀 간에 사이가 안 좋은 집도 많으니까요.

How did you usually think of peace?

Peace is essential to us, but it is not easy for peace to take root in our daily lives. At school, some of my classmates fight with each other, sometimes violently, and rebel against their teachers. There are many families where the parents and children do not get along well.

---

*The Vietnam War

The Vietnam War(1 Nov 1955~30 Apr 1975) was a war between Northern Vietnam and Southern Vietnam and a proxy war also between communism represented by the Soviet Union and capitalism represented by the US. The involvement of overseas forces such as the US and Korea ended in March 1973, and the conflict spilled into Laotian and Cambodian civil wars.

During the war, countless civilians were massacred by the US and Korean troops, as can be seen in the My Lai massacre, Binh Hòa massacre, Phong Nhi and Phong Nhat massacre. This war leveraged weapons of mass destruction (WMD) and sacrificed countless civilians ruthlessly, triggering an antiwar demonstration in the US. The war caused 3 million ~ 5 million deaths.

나는 평소 평화에 더 가까운 삶을 살았던 것 같나요, 아니면 전쟁에 더 가까운 삶을 살았던 것 같나요?

저는 평화에 더 가까운 삶을 살고 있는 것 같아요. 친구들이 욕을 할 때에도 저는 절대 욕을 하지 않고 재미있게 웃고 이야기하는 것이 훨씬 더 좋다고 생각하거든요. 의견 차이로 다툼이 있을 수는 있지만 평화롭게 마무리하려고 노력하고 있어요.

Would you consider yourself living a life closer to war or peace?

I think my life is closer to peace. I never follow my friends when they curse others. I think it is much better to have a funny and friendly conversation. There may be differences in opinion, but I try to end everything peacefully.

오늘이나 내일, 내가 사는 곳에서 전쟁이 일어난다면 어떨 것 같나요?

제가 공부도 되게 열심히 하고 책도 많이 읽고 그랬거든요. 전쟁이 나면 하루만에 죽을 수도 있다 이렇게 생각하면 후회도 될 것 같고 많이 혼란스럽기도 할 것 같아요.

세계평화가 이뤄지면 하고 싶은 일이 있나요?

저는 다른 나라의 언어를 배워서 세계의 다양한 문화를 경험하고 싶은데요. 세계평화가 이루어지면 현재는 전쟁으로 닿을 수 없는 나라의 친구들과도 교류하고 싶어요.

Imagine war breaking out today or tomorrow in your village. What would you feel?

I normally try to study hard and read a lot of books. But if war breaks out, I may die in a day. That makes me very sad and terrified and regretful for what I have done in my life.

What do you want to do when world peace is achieved?

I want to learn other foreign languages and experience other cultures. When the world becomes peaceful, I want to make friends in countries that I cannot reach right now because of war.

앞으로 어떤 세상이 왔으면 좋겠나요?

학교에서 도덕 시간에 선생님이 '너의 삶의 가치관이 뭐냐' 그런 질문을 하시잖아요. 저는 진리, 지식 이런게 삶의 참된 목표이지 않을까 생각하거든요. 제가 천문학, 지구과학을 좋아해서 그런 연구를 마음껏 하고 싶고 NASA에서 일하는 게 꿈이에요. 저는 해외도 마음껏 다니며 연구도 열심히 해서 세상에 도움이 되고 싶은데, 이 세상이 안전해야 가능한 일이기 때문에 통일도 이루어지고 전쟁이 없는 평화로운 세상이 꼭 오면 좋겠어요.

What kind of world do you wish to live in?

In ethics class, the teacher asks us "What do you value most in life?" For me, it is truth and knowledge. I believe that is the true goal of life. I like astronomy and earth science, so my dream is to work at NASA. I want to travel the world and do a lot of research to help the world, but that is only possible when the earth is safe. So I hope the Korean peninsula is unified and a world of peace without war comes soon.

#3 세번째 이야기
르완다에서 온 그림 편지
Postcard from Rwanda

아마니 발라지지 넬슨
Amani Balagizi Nelson

사랑과 평화 아마니 발라지지 넬슨 (2006년생, 르완다) 作
Love and Peace by Amani Balagizi Nelson (18, Rwanda)

그림에서 가장 공들인 부분은 어디인가요?

저는 군인들이 전쟁으로부터 사람들을 보호하고 있는 그림 아래쪽 부분에 가장 많은 시간을 들였어요. 사람들이 함께 평화롭고 행복하게 어울리며 사는 모습을 보여주고 있고, 전쟁과 고통이 없는 좋은 세상에 대한 희망을 담았어요.

What part of the drawing did you spend the most time and effort on?

I spent most of my time on the lower part where soldiers are protecting people from war. My art shows people in happiness and peace together and playing together and hoping for a good world that doesn't include war or any suffering.

오늘이나 내일, 내가 사는 곳에서 전쟁이 일어난다면 어떨 것 같나요?

마을에서 전쟁이 일어나면 친구들과 부모님, 그리고 가까운 사람들과 헤어질 수 있기 때문에 마음이 아플 거에요.

Imagine war breaking out today or tomorrow in your village. What would you feel?

I would feel bad If war broke out in my village, because my friends would be separated from my friends and parents and people close to me.

앞으로 어떤 세상에서 살고 싶어요?

저는 사람들이 자신이 어떤 문제를 겪고 있는지 말할 권리가 있는 세상에서 살고 싶어요. 사람들이 자신의 것을 나누는 세상, 아무것도 없는 사람들을 돕고 그들이 원하는 것을 주며 나누는 세상, 모든 사람이 자신의 사랑과 열정을 표현할 줄 아는 세상에서 살고 싶어요.

What kind of world would you like to live in the future?

In the future, I would like to live in a world where people have the right to say what problem they have. A world where people share together what they have, a world where people help those who don't have anything, help them and give them what they want and share with them. And a world that everyone knows how to express their love and passion in their heart.

To. My friends suffering from war

My message is no matter what your situation is today or now, tomorrow will be a better day. Just keep hoping that tomorrow will be a good day and that suffering will end soon.

From. Amani

To. 전쟁으로 고통받는 친구들에게

지금 어떤 상황에 처해 있든 내일은 더 나은 하루가 될 거야. 희망을 잃지 말았으면 좋겠어.

From. 아마니

#4 네번째 이야기
아프가니스탄에서 온 그림 편지
Postcard from Afghanistan

호세아 야르멘드
Hossa Yarmand

전쟁의 후유증 호세아 얄멘드 (2013년생, 아프가니스탄) 作
Aftermath by Hossa Yarmand (11, Afghanistan)

그림에 대해 설명해 줄 수 있나요?

저는 그림에서 건물이 파괴되고, 다치거나 슬퍼하는 사람들이 도망치는 부분에 가장 많은 시간과 노력을 들였어요. 이 그림은 아무리 많은 슬픔과 고통스러운 시간이 있을지라도 사람들의 마음속에는 여전히 희망이 있다는 것을 보여줘요. 사람들이 희망을 잃지 말아야 한다는 것을 강조하고 있죠.

저는 우리나라의 한 마을을 기억해요. 그곳 사람들은 그 지역에 전쟁이 없었기 때문에 매우 행복했죠. 그렇지만 전쟁*이 터지자 사람들은 다쳤고 건물들은 파괴됐어요. 대부분의 아이들이 죽었고, 저는 그 자리에 한 소녀가 작은 꽃을 심는 것을 보았어요. 그 여자애도 심하게 다쳤지만, '희망'을 믿었기에 그렇게 했어요. 제겐 이게 가장 슬픈 장면이에요.

***전쟁: 아프가니스탄 분쟁**

아프가니스탄 분쟁은 1978년 이후 아프가니스탄에서 발생한 다양한 전투, 분쟁, 내전, 전쟁을 말한다. 1978년 사우르 혁명 이후로 아프가니스탄에서는 무력 충돌이 계속해서 일어나고 있으며 대표적인 분쟁으로는 소련-아프가니스탄 전쟁(1979년~1989년), 아프가니스탄 내전(1989년~1992년, 1992년~1996년, 1996년~2001년), 미국-아프가니스탄 전쟁(2001년~2021년) 등이 있다. 분쟁이 시작된 이래 약 140만 명에서 208만 명이 목숨을 잃은 것으로 추정된다.

지난 2021년 이슬람 근본주의 무장조직 탈레반의 카불 입성 이후 아프가니스탄은 가난, 갈등, 분쟁, 테러의 고통을 온몸으로 겪고 있다. 탈레반이 국가를 장악한 아프가니스탄에서는 분쟁을 피해 고향을 등진 피란민이 350만 명에 달하고 식량 지원 등이 필요한 인구도 2,400만 명에 이른다.

Please explain your drawing.

I spent the most time and effort on that part of the drawing where the buildings are destroyed and people are running away, some injured and some sad. This drawing shows that after a lot of sadness and painful times, people still have hope in their hearts. This drawing signifies that people should not lose hope.

I remember one town in my country. People there were very happy because they did not have war in their area. But because war* broke out, people were wounded. Buildings were destroyed. The saddest part was where most children have been killed and dead. But I saw a girl planting a little flower although she was severely wounded, she believed in hope.

---

*War: Conflict in Afghanistan

The conflict in Afghanistan refers to the numerous wars, conflicts, civil wars, and disputes that have arisen in Afghanistan since 1978. Armed conflicts have continued in Afghanistan since the Saur Revolution in 1978, mainly including the Soviet-Afghan War (1979~1989), the Afghanistan Civil War (1989~1992, 1992~1996, 1996~2001), and the Afghanistan War (2001~2021). It is said that 1.4 million ~ 2 million people have died in this series of disputes.

Afghanistan has been suffering from poverty, conflict, and terrorism ever since the entrance of the Islamic extremist group, Taliban, into Kabul in 2021. After the Taliban seized control over the country, 3.5 million refugees have left their homes and 2.4 million people are in need of food aid.

대회에 참가하는 동안 어땠어요?

너무 좋았어요! 꼬마아이들이 평화와 전쟁의 차이에 대해 그림을 그리는 것을 보는 것이 정말 즐거웠고요, 가장 좋은 점은 제 옆에 가장 친한 친구가 같이 있다는 거였어요.

평소에 평화란 어떤 것이라고 생각했나요?

저는 평소에 평화란 행복, 즐거움, 희망으로 가득찬 거라고 생각했어요. 왜냐하면 사람들이 함께 일하잖아요. 싸우지 않고, 나쁜 말을 하지 않고요. 아이들은 평화롭게 놀고 공부할 수 있고, 부모님은 자신의 자녀가 상처받거나 다칠 걱정을 하지 않아도 되죠.

How was your experience participating in this competition?

My experience was amazing! I really loved to see little children drawing about the difference between peace and war. The best part is my best friend sitting beside me.

How did you usually think of peace?

I usually think that peace is full of happiness, joy, and hope, because people work together. They don't usually fight and do not use harmful language. Children can play and study peacefully, and parents do not have to worry about their children getting hurt or injured.

앞으로 어떤 세상에서 살고 싶어요?

전쟁이 없고 사람들이 안전하게 일할 수 있는 천국 같은 평화로운 세상이요. 외모나 피부색, 성별, 종교, 그 외 다른 조건이나 장애로 서로를 판단하지 않는 세상에서 살고 싶어요.

세상에 평화가 찾아오고, 누구나 자신이 원하는 곳에서 살 수 있게 된다면 전 정말 행복할 것 같아요. 이 세상은 우리가 돌봐야 할, 우리 모두의 것이잖아요.

What kind of world would you like to live in the future?

I would like to live in a peaceful world in the future like heaven where there would not be war, people can go to work safely. People will not judge other people by their looks, their skin color, their gender, their religion, and their condition or disability.

I would feel very happy if the world was peaceful and everyone could live where they want. This world belongs to all of us, and it is our duty to take care of it.

To. My friends suffering from war

Never lose hope and stay strong, my brothers and sisters.

From. Hossa

To. 전쟁으로 고통받는 친구들에게

여러분, 희망을 잃지 말고 강인함을 잃지 마세요.

From. 호세아

#5 다섯번째 이야기
방글라데시에서 온 그림 편지
Postcard from Bangladesh

후마이라 아피아
Humayra Afia

전쟁을 겪은 사람들에게 전하는 희망과 공감
후마이라 아피아 (2010년생, 방글라데시) 作
Hope and Empathy for Those Affected by War
by Humayra Afia (14, Bangladesh)

그림을 통해 어떤 것을 표현하고 싶었나요?

저는 제 그림을 통해 전쟁으로 피해를 입은 사람들에게 희망과 공감의 메시지를 전하고 싶었어요. 분쟁으로 인한 고통과 아픔, 그리고 또 평화를 위해 노력하는 인간 정신의 회복력과 강인함을 전달하려고 했어요. 평화, 단결, 연민의 상징을 그려 넣어 전쟁의 어려움을 극복하기 위한 전 세계적인 연대의 필요성을 강조했고요.

What did you want to express through this drawing?

Through my drawing, I wanted to express a message of hope and empathy for those affected by war. I aimed to convey the pain and suffering caused by conflict, but also the resilience and strength of the human spirit in striving for peace. My artwork depicted symbols of peace, unity, and compassion, emphasizing the need for global solidarity in overcoming the challenges of war.

평화란 어떤 것이라고 생각하나요?

저는 평화란 사람들이 싸우거나 두려워하지 않고 함께 행복하게 사는 것이라고 생각해요. 방글라데시에서 자라면서 전 평화가 모두의 삶에 얼마나 중요한지를 봐 왔어요. 평화는 단순히 전쟁이 없는 걸 뜻하지 않아요. 평화는 공정함과 서로를 존중하는 것, 그리고 친절함을 의미하죠. 분쟁의 영향을 받은 사람들의 이야기를 들으며 이 사실을 깨달았어요.

How did you usually think of peace?

I think of peace as people living together happily without fighting or being scared. Growing up in Bangladesh, I've seen how important peace is for everyone's lives. Peace means more than just no war; it means fairness, respect, and kindness. Hearing stories from people affected by conflict has taught me this.

앞으로 어떤 세상에서 살고 싶어요?

저는 평화와 연민이 모두에게 당연한 기준이 되는 세상에서 살고 싶어요. 대화와 이해를 통해 갈등이 해결되고 모든 사람이 존엄하게 존중받는 세상. 저는 아이들이 전쟁에 대한 두려움 없이 자랄 수 있고, 모든 사람이 자신의 잠재력을 발휘하고 꿈을 이룰 수 있는 기회를 갖는 세상을 상상하곤 해요.

What kind of world would you like to live in the future?

In the future, I would like to live in a world where peace and compassion are the norm. A world where conflicts are resolved through dialogue and understanding, and where every person is treated with respect and dignity. I envision a place where children can grow up without the fear of war, and where everyone has the opportunity to thrive and fulfill their potential.

평화가 이루어진다면 하고 싶은 일이 있나요?

저는 전 세계를 여행하며 다양한 문화권의 사람들을 만나 그들이 경험했던 것들과 그들의 이야기를 들어보고 싶어요. 서로의 배경과 관점을 이해하는 것이 평화를 유지하고 강화하는 데 도움이 될 수 있다고 믿거든요. 그리고 예술을 통해 화합과 연민의 메시지를 지속적으로 던지고, 가능하다면 우리 모두가 공유하는 인류애를 기념하는 국제 미술 전시회를 열고 싶어요. 또, 평화의 정신이 후대에도 계속해서 꽃피울 수 있도록 평화와 공감의 가치를 가르치는 교육 프로그램을 개발할 거예요.

Is there anything you would like to do if world peace is realized?

I would love to travel and meet people from different cultures to learn about their stories and experiences. I believe that understanding each other's backgrounds and perspectives can help maintain and strengthen peace. I would also like to use art to continue promoting messages of unity and compassion, and perhaps organize international art exhibitions that celebrate our shared humanity. Additionally, I would work on educational programs that teach the values of peace and empathy to future generations, ensuring that the spirit of peace continues to thrive.

To. My friends suffering from war

To those suffering from war, I want to say that you are not alone. Even though the situation might seem hopeless, there are people around the world who care deeply about your well-being and are working towards peace. Stay strong and hold on to hope, for your resilience and courage are incredibly powerful. Believe that a better, peaceful future is possible, and know that we are standing with you, advocating for a world where everyone can live without fear and in harmony.

From. Humayra

To. 전쟁으로 고통받는 친구들에게

여러분은 혼자가 아니라고 말하고 싶어요. 비록 상황이 절망적으로 보일지라도 전 세계에는 여러분의 행복을 진심으로 생각하며 평화를 위해 노력하는 사람들이 있거든요. 여러분의 회복력과 용기는 놀랍도록 강력하다는 걸 알아요. 그러니 희망을 잃지 마세요. 더 나은 평화로운 미래가 가능하다는 것을 믿고, 모두가 두려움 없이 조화롭게 살아갈 수 있는 세상을 외치며 여러분 곁에 있다는 것을 알아주세요.

From. 후마이라

▮ 엮은이의 말

　대회에 참가한 어린이들의 이야기를 들으며, 어른으로서 부끄러움과 슬픔, 그리고 책임감을 느꼈습니다. 어른들이 일으킨 전쟁과 분쟁을 어린이의 시선으로 바라보니 폭력의 무자비함과 허무함, 깊이 곪은 상처들이 총천연색으로 발가벗긴 채 드러나 있었습니다. 어린이들이 경험하지 않았어도 될 고통, 몰랐어도 될 슬픔을 지금까지 이어 온 어른들의 어리석음이 부끄럽고 미안했습니다.

　어린아이의 눈으로 세상을 바라볼 때 우리는 너무도 간단하게 깨달음을 얻곤 합니다. 이 책을 읽는 독자들이 이들의 이야기를 통해 순수하지만 폐부를 꿰뚫는 통찰력을 얻어갔으면 합니다.

　어린이가 던지는 메시지를 이루어가는 것은 어른들의 역할입니다. 앞으로는 모든 어린이가, 그리고 모든 어른들까지도, 아름답고 행복한 것들만 보고 들을 수 있는 평화로운 세상이 하루 속히 이루어지길 소망합니다.

이채연

Notes by the Editor

Reading the stories of all the participants, I felt a sense of responsibility, humility, and sorrow. Examining the stories of war and conflict through the lens of children opened my eyes to the naked brutality, emptiness, and deep scars they cause. As an adult, I was ashamed for giving children the suffering and pain that they did not deserve.

Watching the world through the eyes of children enlightens me. I hope that the readers gain the same insight through the pure but also penetrating gaze of our society's younger generation.

It is our job to realize the messages children send us. I hope that all children and all adults can live in a peaceful world where only beauty and happiness exists.

Chaeyeon Lee

지구촌 친구들의 평화이야기책

초판 발행 2024년 9월 27일
개정판 발행 2024년 10월 31일

엮은이 이채연
번역 송세인
일러스트 김은희
디자인 오은경
교정 신새별
펴낸이 최동은

펴낸곳 도서출판 피스가든
주소 서울특별시 동대문구 사가정로 6, 807호
전화 010 7456 7566
이메일 peacegarden426@naver.com

ISBN 979-11-985840-2-1 (03330)
값 7,000원

ⓒ 2024 IWPG

*이 책은 저작권법에 따라 보호받는 저작물이므로 무단 전재와 복제를 금합니다.

Five Stories of Peace and Hope

First edition published on 27 September 2024
Revised edition published on 31 October 2024

Edited by Chaeyeon Lee
Translated by Sein Song
Illustrated by Eunhee Kim
Designed by Eunkyung Oh
Proofread by Saebyul Shin
Published by Dongeun Choi

Published by Peace Garden
Address #807, 6, Sagajeong-ro, Dongdaemun-gu, Seoul, Republic of Korea
Phone +82 10 7456 7566
E-mail peacegarden426@naver.com

ISBN 979-11-985840-2-1 (03330)
7,000 KRW

ⓒ 2024 IWPG

*All rights reserved.